BEI GRIN MACHT SICH IHR WISSEN BEZAHLT

- Wir veröffentlichen Ihre Hausarbeit, Bachelor- und Masterarbeit

- Ihr eigenes eBook und Buch - weltweit in allen wichtigen Shops

- Verdienen Sie an jedem Verkauf

Jetzt bei www.GRIN.com hochladen und kostenlos publizieren

Agile Methoden in Business Intelligence Projekten. Definition, Aktueller Stand, Möglichkeiten und Zukunftspotenziale

Andreas Aumeier

Bibliografische Information der Deutschen Nationalbibliothek:

Die Deutsche Nationalbibliothek verzeichnet diese Publikation in der Deutschen Nationalbibliografie; detaillierte bibliografische Daten sind im Internet über http://dnb.d-nb.de abrufbar.

ISBN: 9783346368362
Dieses Buch ist auch als E-Book erhältlich.

IUBH Internationale Hochschule – Fernstudium

SEMINARARBEIT

im Modul

„DLMIWBI02 – Business Intelligence II"

AGILE METHODEN IN BUSINESS INTELLIGENCE PROJEKTEN – DEFINITION, AKTUELLER STAND, MÖGLICHKEITEN UND ZUKUNFTSPOTENZIALE

Autor: Andreas Aumeier

INHALTSVERZEICHNIS

ABKÜRZUNGSVERZEICHNIS

BI	Business Intelligence
bzw.	beziehungsweise
DSS	Deciscion Support System(s)
DWH	Data Warehouse
ETL	Extraktion, Transformation, Laden
FIS	Führungsinformationssystem
i. e. S.	im engeren Sinne
IT	Informationstechnologie
MIS	Managementinformationssystem
ODS	Operational Data Store
OLAP	Online Analytical Processing
VUKA	Volatilität, Unsicherheit, Komplexität, Ambiguität
XP	Extreme Programming
z. B.	zum Beispiel

ABBILDUNGSVERZEICHNIS

1. EINLEITUNG

In der folgenden Einleitung wird die Relevanz des Themas herausgestellt und dieses somit begründet. Anschließend wird die Zielsetzung dieser Arbeit definiert und die Abgrenzung des Themas vorgenommen. Es folgt eine kurze Beschreibung zur Operationalisierung der Daten und der Aufbau der Seminararbeit wird beschrieben.

1.1. Begründung des Themas

Unternehmen stehen in der heutigen Zeit vor tiefgreifenden Veränderungen. Häufig sind Stichworte wie „intensiver Wettbewerb", „Globalisierung" oder „Innovationsdruck" zu lesen, die Produktlebenszyklen verkürzen sich und die Anpassungsfähigkeit von Unternehmen ist ein kritischer Erfolgsfaktor geworden.[1]

Wie können Unternehmen in solchen Situationen konkurrenzfähig bleiben? In digital bestimmten Situationen sind *Daten* zu einem Wettbewerbsvorteil geworden. Dennoch reicht es nicht, Daten ausschließlich zu sammeln. Die Datensammlung muss zielführend genutzt werden, um daraus Vorteile (z. B. durch bessere Kundenansprache) zu erzielen.[2] Diese Aufgabe wurde in den letzten Jahren vermehrt mit dem Sammelbegriff *Business Intelligence (BI)* bearbeitet.[3]

Ein weiterer Begriff, der derzeit verbreitet ist, ist der der *Agilität*. Agilität ist die Antwort auf eine *VUKA-Welt* (die gekennzeichnet ist durch Volatilität, Unsicherheit, Komplexität und Ambiguität) und viele Unternehmen erhoffen sich, durch die Anwendung agiler Methoden in einer solch unsicheren Umwelt bestehen zu können.[4]

Dementsprechend scheint es notwendig beide Teilgebiete (Agilität und Business Intelligence) in einem gemeinsamen Kontext zu betrachten. Weiterhin begründet wird diese Annahme durch jüngste Studienergebnisse. So sieht ein Großteil von Führungskräften verschiedenster Branchen *Agilität* und *Business Intelligence* (sowie auch z. B. Big Data) als relevant für eine erfolgreiche Zukunft.[5] Und auch in der IT-Trends 2019-Studie von Capgemini geben im Vergleich zum Vorjahr mehr Entscheider an, die Agilität erhöhen und die Informationsauswertung verbessern zu wollen.[6]

1.2. Zielsetzung

Das Ziel dieser Arbeit ist es, zu ermitteln, inwiefern Agilität in BI-Projekten gewinnbringend eingesetzt wurden und eingesetzt werden können. Dazu ist es notwendig, den aktuellen Stand von Agilität

---

[1] Vgl. Baltes, G. / Freyth, A. (2017, S. 4ff)

[2] Vgl. Baltes, G. / Freyth, A. (2017, S. 41)

[3] Vgl. Bauer, A. / Günzel, H. (2013, S. 22)

[4] Vgl. Baltes, G. / Freyth, A. (2017, S. 68f.)

[5] Vgl. marconomy.de (2019)

[6] Vgl. Dumslaff, U. / Heimann, T. (2019, S. 12)

im BI-Umfeld zu ermitteln sowie die Besonderheiten von BI-Projekten ausreichend zu berücksichtigen.

Außerdem soll die Arbeit herausfinden, welche Potenziale agile Methoden in der Zukunft in Business Intelligence-Projekten haben.

1.3. Abgrenzung des Themas

Aufgrund des hohen Umfangs und der sehr hohen Komplexität des Themengebiets *Business Intelligence* kann diese Arbeit nur oberflächlich beschreiben, inwiefern Agilität und Business Intelligence kombiniert werden können. Eine Betrachtung sämtlicher Aspekte der beiden Teilgebiete würde den Rahmen dieser Arbeit deutlich sprengen.

Des Weiteren soll diese Arbeit nur als theoretische Ausarbeitung der Aspekte von Agilität und Business Intelligence gesehen werden und keinesfalls als praktischer Anwenderleitfaden für Anwender und Entscheider. Dennoch kann diese Arbeit als Basis für weitere Forschungen im Gebiet *Agilität und Business Intelligence* dienen.

1.4. Operationalisierung

Die Datensammlung und Operationalisierung erfolgen ausschließlich auf sekundärem Weg. Das bedeutet, dass die beschriebenen Aspekte durch Literaturrecherche und -analyse gewonnen werden. Zusätzlich sollen Statistiken betrachtet werden, um gewonnene Aspekte zu erhärten oder zu widerlegen. Eine ausführliche Datensammlung durch z. B. Umfragen, Praxiseinsätze oder Experteninterviews findet in dieser Arbeit nicht statt.

1.5. Aufbau dieser Seminararbeit

Diese Seminararbeit gliedert sich nach dieser Einleitung in drei größere Teilabschnitte:

- Im zweiten Kapitel erfolgt eine Einführung zu agilen Methoden bzw. Agilität im Allgemeinen. Dazu wird der Begriff definiert, das agile Manifest beschrieben und die Anwendungsbereiche agiler Methoden herausgearbeitet. Abschließend werden die Vorteile und Nachteile von Agilität beschrieben.

- Im dritten Kapitel wird in ähnlicher Weise in das Themengebiet Business Intelligence eingeführt. Es erfolgt ebenfalls eine Begriffsdefinition, die historische Entwicklung von BI wird beleuchtet und die idealtypische Funktionsweise eines BI-Systems soll kurz erläutert werden. Abgeschlossen wird das Kapitel durch die Beschreibung der Aufgaben und Ziele eines BI-Systems

- Das vierte Kapitel soll schließlich die beiden vorherigen Kapitel verbinden und Agilität und Business Intelligence zusammenführen. Dazu wird der aktuelle Stand von Agilität in BI-Projekten beschrieben, die Herausforderungen von BI-Projekten müssen herausgearbeitet werden und die Einsatzmöglichkeiten von Agilität im BI-Umfeld wird ermittelt. Abgeschlossen wird das Kapitel durch ein Praxisbeispiel sowie einen Ausblick auf zukünftige Potenziale von Agilität im BI-Kontext

Abgeschlossen wird diese Arbeit im fünften Kapitel schließlich mit einem Fazit zum bearbeiteten Thema.

2. AGILE METHODEN – EINFÜHRUNG

In diesem Kapitel soll der Leser in den Begriff der *Agilität* im IT- und Projektkontext eingeführt werden. Dazu wird der Begriff für den Rahmen dieser Arbeit definiert, das *Agile Manifest* wird beschrieben und die Anwendungsbereiche agiler Methoden werden kurz erläutert. Abschließend sollen die Vor- und Nachteile von Agilität bestimmt werden.

2.1. Begriffsdefinition

Kurze Lebenszyklen von Produkten und Dienstleistungen und sich immer schneller wandelnde Kundenbedürfnisse beeinflussen Unternehmen. Lange Planungsphasen und Entwicklungsprozesse sind hierbei kontraproduktiv. Vor allem bei digitalen Dienstleistungen werden kurze Entwicklungszyklen und häufige Releases gefordert. Die *agile Entwicklung* geht dabei von Vornherein davon aus, dass sich nicht alle Anforderungen und Funktionen bereits in der Planungsphase ermitteln lassen und die Systementwicklung ein erkenntnisgetriebener Prozess ist.

Agile Methoden brechen somit mit dem Verständnis, dass die Systementwicklung planungsgetrieben ist. Zudem legen agile Methoden Wert auf das Schaffen eines Nutzens für den Kunden.[7]

2.2. Agiles Manifest: Werte und Prinzipien der Agilität

Größere Beachtung erfahren Agile Vorgehensweisen seit dem Jahr 2001. Dort verfasste ein Konsortium von Autoren das *Manifest für agile Softwareentwicklung*, das aus den folgenden Werten besteht:

- Individuen und Interaktionen mehr als Prozesse und Werkzeuge
- Funktionierende Software mehr als umfassende Dokumentation
- Zusammenarbeit mit dem Kunden mehr als Vertragsverhandlung
- Reagieren auf Veränderung mehr als das Befolgen eines Plans

Als Ergänzung wiesen die Autoren darauf hin, dass sie die Werte auf der rechten Seite zwar wichtig finden, die Werte auf der linken Seite jedoch als *wichtiger* einschätzen. (Beck, K. et. al., 2001)

Neben diesen vier Werten haben die Autoren zwölf Prinzipien der Agilität verfasst. Diese lassen sich in eigenen Worten wie folgt zusammenfassen: Produkte sollen früh, kontinuierlich und in schnellen und häufigen Zyklen geliefert werden und einen echten Nutzen für den Kunden schaffen. Außerdem sollen Anforderungen jederzeit akzeptiert werden und die Teams sollten interdisziplinär arbeiten,

---

[7] Vgl. Laudon, K. et. al. (2016, S. 898f.)

selbstorganisiert sein, ihre Arbeit regelmäßig reflektieren und viel Wert auf persönliche Kommunikation legen. Als wichtigstes Fortschrittsmaß gilt ein funktionie-endes Produkt.[8]

2.3. Anwendungsbereiche agiler Methoden

Ursprünglich waren agile Methoden ausschließlich für die Softwareentwicklung vorgesehen – schließlich lautet der Titel des agilen Manifests „Manifest für Agile Softwareentwicklung". Mittlerweile lässt sich jedoch feststellen, dass Agilität in allen Bereichen von Unternehmen Einzug gehalten hat. Dies lässt sich damit begründen, dass die Komplexität innerhalb und außerhalb von Unternehmen in den letzten Jahren stark gestiegen ist und klassische Vorgehensmodelle häufig von *einfachen* Situationen ausgehen.[9]

Mittlerweile haben sich auch diverse Vorgehensmodelle und Frameworks entwickelt, die den agilen Ansatz unterstützen. Dazu zählen z. B. *Extreme Programming (XP)*, bei dem ein kleines Team paar-weise und iterativ Software entwickelt und auf ausführliche Dokumentation verzichtet.[10] Ein weiteres Rahmenwerk, welches Agilität im besonderen Maße unterstützt, ist *Scrum*. Scrum definiert sich selbst *nur* als Rahmenwerk, innerhalb dessen verschiedene Techniken und Methoden zum Einsatz kommen können, um *komplexe Produkte* mit höchstmöglichem Wert auszuliefern[11]. Dementsprechend kann es nicht nur in der Softwareentwicklung, sondern in verschiedensten Bereichen des Unternehmens eingesetzt werden.

2.4. Vor- und Nachteile von Agilität

Die Anwendung agiler Ansätze bietet Vor- und Nachteile. Als Vorteile sind sicherlich die hohe Anpassungsfähigkeit und Reaktionsfähigkeit auf gegebene Änderungen zu nennen. Außerdem unterstützen agile Ansätze in hohem Maße das regelmäßige Verbessern von Software, die persönliche Kommunikation und die Reduktion von unnötiger Arbeit, was wiederum in einer höheren Produktivität resultiert. Die Konzentration auf das Schaffen eines echten Nutzens für die Kunden und die intensive Einbindung der Auftraggeber führt oft zu hoher Kundenzufriedenheit. Abschließende Vorteile sind der Fokus auf eine schnelle und häufige Lieferung neuer Funktionen und eine innovative Darstellung des Projektverlaufs und der offenen Aufgaben.[12]

Agilität bringt häufig auch Nachteile mit sich. So wird in vielen Unternehmen nicht hinterfragt, *aus welchem Grund* Agilität eingeführt werden soll. Plötzlich wird vom Vorstand oder anderen High-Level-Führungskräften vorgegeben, dass das Unternehmen agiler werden soll. Im Anschluss wird oft

---

[8] Vgl. Beck, K. et. al. (2001-1)

[9] Vgl. Scheller, T. (2017, S. 49ff.)

[10] Vgl. Balzert, H. (2009, S. 602f.)

[11] Vgl. Schwaber, K. / Suthreland, J. (2017, S. 3)

[12] Vgl. Meyer, B. (2014, S. 153f.)

ein Rahmenwerk oder eine Methodik gewählt, die dann nach Lehrbuch eingeführt wird. Häufig werden externe Berater engagiert, die dem Personal dann das Rahmenwerk *beibringen* sollen. Es ist jedoch notwendig, die Einführung von Agilität als Change-Prozess zu organisieren und das Personal zu *integrieren*.[13]

Weitere negative Punkte des agilen Ansatzes sind in Anlehnung an Meyer[14]:

- Spezialisierung und Beschränkung der Funktionen auf die User-Bedürfnisse (und gleichzeitige Verhinderung der Adressierung weiterer Funktionen)
- Häufige Konzentration auf einzelne Funktionen und Ignoranz von Abhängigkeiten
- Aus den fehlenden Hierarchien resultiert oft, dass sich *niemand* für bestimmte Management-Tätigkeiten im Projekt zuständig fühlt

Der Erfolg von Projekten, die mit agilen Ansätzen durchgeführt wurden und die gegebene Marktsituation scheint die Anwendung von Agilität jedoch, zumindest momentan, eher zu rechtfertigen.

3. BUSINESS INTELLIGENCE – EINFÜHRUNG

Um ein Verständnis für *Business Intelligence (BI)* zu entwickeln, soll in den folgenden Abschnitten eine Einführung erfolgen. Dazu wird der Begriff Business Intelligence definiert, die historische Entwicklung aufgegriffen sowie die Funktionsweise, Aufgaben und Ziele eines BI-Systems erläutert.

3.1. Begriffsdefinition

Für Begriffe, die im BI-Kontext häufig gebraucht werden, hat sich in der Vergangenheit keine einheitliche Definition durchsetzen können. Gemäß Kemper et. al. gibt es drei BI-Verständnisse. Bei Business Intelligence *i. e. S.* werden nur die Kernapplikationen verstanden, die eine Entscheidungsfindung unmittelbar unterstützen. Das *analyseorientierte BI-Verständnis* umfasst *sämtliche* Anwendungen, die vom Entscheider genutzt werden (z. B. OLAP, MIS, Data Mining). Das *weite BI-Verständnis* schließlich umfasst alle Anwendungen, die direkt oder indirekt für die Entscheidungsunterstützung eingesetzt werden.[15]

Im Vergleich zum lange gängigen Begriff *Data-Warehouse-System* integriert ein BI-System neben den Daten auch Strategien, Prozesse, Anwendungen und Technologien und weitet die ausschließliche Auswertung von Daten auch auf das Erzeugen von Wissen und Perspektiven im Unternehmen und seinem Umfeld aus.[16]

3.2. Historische Entwicklung von Business Intelligence

---

[13] Vgl. Hofert, S. (2018, S. 2f.)
[14] Vgl. Meyer, B. (2014, S. 149 – 152)
[15] Vgl. Kemper, H. et. al. (2010, S. 3f.)
[16] Vgl. Bauer, A. / Günzel, H. (2013, S. 29)

Bereits Ende der 60er-Jahre wurde die Bezeichnung des *Managementinformationssystems (MIS,* geprägt, welches Entscheider durch Informationen unterstützen soll. Daraus entwickelten sich viele weitere Systemtypen, wie Führungsinformationssysteme (FIS) oder Decision Support Systems (DSS). Alle Systeme werden weitgehend synonym aufgefasst, erhalten ihre Abgrenzung aber durch die spezifischen Anforderungen im Unternehmen. Die Systeme der 60er-80er-Jahre scheiterten jedoch häufig, was z. B. durch das Fehlen von grafischen Oberflächen, günstigen und schnellen Datenspeichern und Prozessoren und großen Datenbasen begründet werden kann. Mittlerweile werden diese Voraussetzungen von zahlreichen Systemen erfüllt, weshalb Systeme zur Entscheidungsunterstützung in den letzter Jahren einen hohen Stellenwert in Unternehmen einnehmen konnten.[17]

3.3. Funktionsweise eines BI-Systems

Die generelle Funktionsweise eines BI-Systems soll in Anlehnung an Gansor / Totok (2015) anhand einer idealtypischen, klassischen Referenzarchitektur kurz erläutert werden.

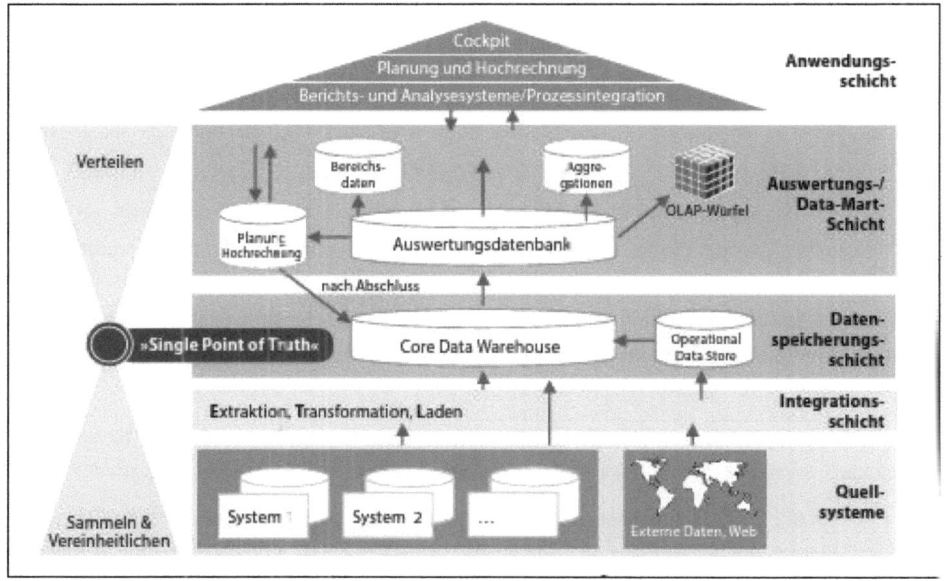

Abbildung 1: Idealtypische Referenzarchitektur eines BI-Systems (aus: Gansor, T. / Totok, A., 2015, S. 62)

---

[17] Vgl. Bauer, A / Günzel, H. (2013, S. 26f.)

Üblicherweise werden Daten aus verschiedenen Quellsystemen mithilfe des sogenannten *ETL-Prozesses* geladen. ETL steht dabei für „Extraktion, Transformation, Laden". Diese drei Schritte erfolgen in der Integrationsschicht und sie speichern die transformierten Daten in den Operational Data Store (ODS) und/oder das Core Data Warehouse. Das Core Data Warehouse stellt den Single Point of Truth eines BI-Systems dar, da dort in der Regel die gesamte Datenbasis gespeichert wird. Ist eine Auswertungsschicht vorhanden, sind dort eine oder mehrere Auswertungsdatenbanken (auch: Data Marts) vorhanden, in denen die Daten aggregiert und in einer für die Anwender nötigen Form gespeichert werden. In dieser Schicht wird die Multidimensionalität des Datenmodelles hergestellt, was z. B. in relationaler oder multidimensionaler Datenspeicherung erfolgen kann. Anhand dieser Datenbasis kann schließlich die Anwendungsschicht auf die notwendigen Kennzahlen zugreifen. Die Anwendungsschicht hat häufig Komponenten wie Berichts- und Analysesysteme, Systeme zur Planung und Hochrechnung oder Cockpit-Systeme und stellt somit die Schnittstelle zum Endanwender dar.

3.4. Aufgaben und Ziele eines BI-Systems

Als Bestandteil vieler BI-Systeme lassen sich dessen Aufgaben und Ziele einerseits durch den Sinn des *Data Warehouse* ableiten. In diesem sollen wie bereits kurz beschrieben alle entscheidungsrelevanten Daten zu einem *Single Point of Truth*, also zu einer einzigen Quelle der Wahrheit, zusammengefasst werden. Dabei besitzt es folgende Merkmale:[18]

1) *Themenorientierung:* Das System soll übergreifende Anwendungsgebiete adressieren
2) *Vereinheitlichung:* Die Heterogenität unterschiedlicher Quelldaten soll reduziert werden und die Daten dadurch harmonisiert zusammengeführt werden
3) *Dauerhaftigkeit:* Die Daten müssen langfristig in ihrer Ursprungsform gespeichert werden
4) *Zeitorientierung:* Die Daten werden historisiert gespeichert, wodurch Zeitanalysen möglich werden

Als ganzheitliche Ziele eines BI-Systems kann andererseits das allgemeine Beispiel für eine BI-Vision nach Gansor / Totok (2015) verwendet werden, welches für viele Unternehmen zutrifft:

> „BI ist [...] der Informationsprozess, der [...] dem Management die gewünschten Entscheidungshilfen zur Planung und Steuerung zur Verfügung stellt. Wir wollen über Business Intelligence Wettbewerbsvorteile erzielen [...]" (Gansor, A. / Totok, A., 2015, S. 42)

4. AGILITÄT IN BUSINESS INTELLIGENCE-PROJEKTEN

Nachdem in den vorangegangenen Kapiteln die Grundbegriffe ausreichend in der Theorie erläutert wurden, soll im Folgenden Kapitel die Brücke zwischen *Agilität* und *Business Intelligence* geschlagen werden. Es wird dazu der aktuelle Stand von Agilität im BI-Kontext ermittelt, die Herausforderungen und Besonderheiten von BI-Projekten im Vergleich zu anderen IT-Projekten herausgestellt

---

[18] Vgl. Gansor, T. / Totok, A. (2015, S. 18)

sowie die Einsatzmöglichkeiten von Agilität in BI-Projekten beschrieben. Abschließend soll ein Praxisbeispiel angeführt und zukünftige Potenziale von Agilität im BI-Umfeld eruiert werden.

4.1. Aktueller Stand von Agilität in BI-Projekten

Aus den zuvor getätigten Definitionen und Erläuterungen scheint Agilität für BI-Projekte prädestiniert zu sein. Warum? Eine hohe Marktdynamik erfordert zeitnahe Analysen. Dies wiederum ist nur möglich, wenn die dispositiven Systeme flexibel und adaptionsfähig sind. Daraus folgt, dass diese Faktoren eine große Herausforderung für die BI-Systeme von Unternehmen sind. Da agile Methoden ebendiese Faktoren adressieren, scheinen sie optimal für BI-Projekte geeignet zu sein und es werden auch vermehrt agile Methoden im BI-Kontext eingesetzt.[19]

Die Popularität agiler Methoden im BI-Umfeld sei im Vergleich zu anderen IT-Systemen zwar zehn Jahre hinterher, jedoch müssen sich BI-Teams mit Agilität beschäftigen, da dadurch Entwicklungsstunden gespart werden können und Fehler verringern können. Außerdem könne durch die Anwendung agiler Methoden Kosten und Zeit gespart werden. (Hughes, R., 2013, S. 3f.)

Agile Methoden sind zwar auch im BI-Umfeld auf dem Vormarsch, dennoch ist das phasenorientierte Wasserfallmodell weiterhin am häufigsten anzutreffen (Bauer, A. / Günzel, H., 2013, S. 342).

4.2. Herausforderungen und Besonderheiten von BI-Projekten

BI-Projekte unterscheiden sich allerdings in einigen Aspekten von anderen IT- bzw. Softwareentwicklungsprojekten. Folgende Herausforderungen und Besonderheiten weisen BI-Projekte unter anderem auf:[20]

Erschwerte Anforderungsanalyse

Anders als bei klassischen Softwareentwicklungsprojekten kann bei BI-Projekten ex ante häufig nicht definiert werden, welche Anforderungen durch das Projekt im Detail erfüllt werden sollen. Bei klassischen Softwareprojekten soll häufig ein konkretes fachliches Problem gelöst werden. In BI-Projekten hingegen wissen Anwender vorab oft nicht, welche Lösungen durch das System unterstützt werden sollen. Daraus entwickelt sich die Notwendigkeit, die Anwender jederzeit angemessen in die Systementwicklung zu integrieren und ihre Wünsche zu berücksichtigen.

Unklare fachliche Begriffsdefinitionen

Eine weitere Folge der interdisziplinären und abteilungsübergreifenden Zusammenarbeit in BI-Projekten sind unklare fachliche Begriffsdefinitionen. Damit ist gemeint, dass Fachabteilungen möglicherweise wichtige Begrifflichkeiten anders definieren als technische Spezialisten. Das kann zu Fehlern bei der Kommunikation, Priorisierung und Bearbeitung von Aufgaben führen. Eine

---

[19] Vgl. Trahasch, S. et. al. (2016, S.1ff.); Hughes, R. (2013, S. 20f.); Gansor, T. / Totok, A. (2015, S. 234)

[20] Vgl. Trahasch, S. et. al. (ebenda), Peter, M. (2016, S. 28f.), Hughes, R. (2013, S. 3ff.); Bauer, A. / Günzel, H. (2013, S. 379)

Herausforderung von BI-Projekten ist daher, die einheitliche und zweifelsfreie Definition von Fachbegriffen zu ermöglichen.

Unklare Kompetenzenverteilung

In BI-Projekten arbeiten verschiedenste Abteilungen eng zusammen. So finanzieren häufig die Fachbereiche die Projekte, die Umsetzung erfolgt größtenteils aber in der IT-Abteilung oder in einer speziellen BI-Abteilung. Daraus entwickelt sich die Frage nach den Kompetenzen im Projekt. Welche Abteilung stellt den Projektleiter? Welche Verantwortung hat dieser? Welche Weisungsbefugnisse hat dieser? Diese und viele weitere Fragen sind in BI-Projekten, häufig fortlaufend im Projekt und je nach Teilaufgabe unterschiedlich, zu klären.[21]

Heterogenität und reglementierter Funktionsumfang

Die Daten für BI-Systeme werden aus bereits vorhandenen Systemen gewonnen. Dadurch ist eine sehr hohe Heterogenität von Daten vorhanden, die zusammengeführt werden muss. Meist ist jedoch durch standardisierte BI-Tools der Funktionsumfang reglementiert, was Anpassungen in den Quellsystemen erfordern kann.

Ebenfalls Heterogenität herrscht bei den Werkzeugen und Produkten innerhalb des BI-Systems vor. Eine klassische Software ist in sich meist geschlossen. Bei BI-Systemen existieren jedoch zahlreiche Anwendungen und Werkzeuge auf unterschiedlichen Ebenen (z. B. Portalanwendungen mit spezifischer Datenhaltung, zentrale Data Warehouses, ETL-Tools, Reporting-Tools oder Datenhaltungswerkzeuge). Diese erfordern häufig fachspezifisches Wissen.

Kontinuierliche Weiterentwicklung und Erweiterung

Wie bereits in der Einleitung beschrieben, unterliegen Unternehmen heute einer hohen Änderungsintensität. BI-Projekte können daher, anders als z. B. Softwareentwicklungsprojekte, im Grunde *niemals* abgeschlossen werden. Sie müssen ständig neue Fragestellungen beantworten und sich an die Unternehmensbedürfnisse anpassen. Da die initiale Entwicklung von BI-Systemen jedoch häufig unter anderen Bedingungen erfolgt ist, können bei der kontinuierlichen Weiterentwicklung Probleme auftreten. Mögliche Herausforderungen sind die Beibehaltung der Historisierung und mögliche Inkompatibilitäten zwischen Software-Versionen.

Enge Zusammenhänge zwischen den einzelnen Komponenten

Eine weitere Besonderheit von BI-Projekten ist, dass die Änderung in einer Komponente nicht isoliert durchgeführt werden kann. Wird eine Teilkomponente angepasst, müssen meist alle (Datenbank, ETL, Frontend) modifiziert werden. Daraus resultiert, dass selbst die kleinste Änderung große Auswirkungen auf das Gesamtsystem haben kann.[22]

---

[21] Vgl. Gansor, T. / Totok, A. (2015, S. 231f.)

[22] Vgl. Ellner, J. (2016, S. 175)

Aus diesen Besonderheiten folgt, dass die ursprünglich für die Softwareentwicklung entwickelten Agilen Werte und Prinzipien nicht eins-zu-eins auf BI-Projekte adaptiert werden können.

4.3. Einsatzmöglichkeiten von Agilität in BI-Projekten

Dennoch gibt es verschiedenste Einsatzmöglichkeiten von agilen Methoden und Vorgehensweisen in BI-Projekten. Diese werden im Folgenden beschrieben.

Agile Vorgehensweisen können im BI-Umfeld beispielsweise auf die Einführung von Auswertungs-werkzeugen angewandt werden. Außerdem kann sie die Prozesse der Datenbereinigung, ETL oder auch den Aufbau der jeweiligen Datenbanken unterstützen. Aufgrund der hohen Änderungshäufig-keit von Anforderungen machen Agile Vorgehensweisen bei BI-Projekten auch in der Anforderungs-erhebung und -analyse Sinn.[23] In der Anforderungsanalyse können beispielsweise User Stories ver-wendet werden. Diese ermöglichen den Anwendern, ihre Anforderungen auf einfache Weise zu de-finieren. Außerdem unterstützen User Stories die Kommunikation zwischen den Projektbeteiligten.[24]

Beschränkt wird der Einsatz agiler Vorgehensweisen häufig durch restriktive Vorgaben. Wie bereits im Abschnitt „Besonderheiten von BI-Projekten" beschrieben, wird durch bestehende Tools der Funktionsumfang und die Methodenfreiheit eingeschränkt. Eine bestehende Data Warehouse-Ar-chitektur könnte hier als Beschränkung gesehen werden. Daraus ergibt sich die Tatsache, dass *Agile Business Intelligence* nicht isoliert auf die Methoden erreicht werden kann. Damit Agilität im BI-Umfeld in Unternehmen eingesetzt werden kann, muss ein Gesamtkonzept vorhanden sein. Dann kann Agilität beispielsweise in der BI-Organisation (z. B. Rollen und Aufbauorganisation), der BI-Architektur (z. B. Komponenten des BI-Systems) oder in Prozessen (z. B. im Requirements En-gineering oder der Entwicklung des Systems) eingesetzt werden. Damit dies wiederum möglich ist, müssen die Werte und Prinzipien der Agilität bei allen Verantwortlichen verankert und gelebt wer-den.[25]

Abschließend lässt sich feststellen, dass Agilität auch nur teilweise im BI-Kontext eingesetzt werden kann bzw. sollte. Nicht jeder Geschäftsbereich unterliegt der gleichen Dynamik und nicht alle fachli-chen Anforderungen benötigen den gleichen Grad an Agilität. Dementsprechend könne auch eine Kombination zwischen Wasserfall und Agilität denkbar sein.[26]

---

[23] Vgl. Bauer. A / Gürnitz, H. (2013, S. 344f.)

[24] Vgl. Bleiholder, J. et. al. (2016, S. 45ff.)

[25] Vgl. Gansor, T. / Totok, A. (2015, S. 235)

[26] Vgl. Trahasch, S. et. al. (2016, S. 8f.)

4.4. Praxisbeispiel

Ein Praxisbeispiel für die erfolgreiche Umsetzung eines BI-Projekts mithilfe agiler Vorgehensweisen wird von Ellner (2016) beschrieben. Das beim Telekommunikationsunternehmen *congstar* durchgeführte Projekt soll im Folgenden zusammengefasst werden, um ein praxisnahes Verständnis für die Anwendung agiler Ansätze im BI-Kontext zu erhalten.

Das Unternehmen ist in der Telekommunikationsbranche tätig. In dieser besonders schnelllebigen Branche ist es notwendig, flexibel zu sein, um seine Marktposition behaupten zu können. Congstar versuchte zunächst, ein neues Data Warehouse mit klassischen Methoden einzuführen, scheiterte jedoch schnell, da die Anforderungen zu flexibel und volatil waren. Deshalb entschieden sich die Verantwortlichen für einen agilen Ansatz.

Dieser erschien erfolgsversprechender, da z. B. auch das Quellsystem in agilen Zyklen weiterentwickelt wird. Außerdem mussten die Anforderungen nicht zwingend zu Beginn des Projekts im Detail definiert werden.

Das Projekt wurde nach *Scrum* und mit acht Teammitgliedern im Entwicklungsteam durchgeführt. Zusätzlich wurden zwei Product Owner und ein Scrum Master eingesetzt. Die Product Owner stellten die Kundenschnittstelle dar. Dennoch wurden Use Cases immer im Team geschätzt. Während der Entwicklung wurde die Technik des *Pair Programming* eingesetzt, bei dem immer zwei Entwickler gemeinsam an einem Task arbeiten. Dadurch wurde das Wissen ideal verteilt.

Im weiteren Projektvorgehen wurde ein „Prio Board" abgehalten, in welchem Änderungsanfragen vorgestellt und von den Fachbereichen priorisiert wurden. Auf dieser Basis erstellten die Product Owner User Stories, die so weit detailliert werden, dass sie vom Team geschätzt werden können. Im *Grooming* wurden jeweils die User Stories für den nächsten Sprint vorgestellt. Zu komplexe User Stories wurden *geschnitten*. Dabei wurde versucht, anhand von gemeinsamen Quellen und Berechnungswegen zu gruppieren. Die Dauer der Sprints variierte zwischen zwei und vier Wochen. Als ideal erwies sich ein vierwöchiger Sprint, innerhalb dessen drei Wochen entwickelt wurde und eine Woche für den Go-Live vorbereitet wurde.

Technologisch wurde die Entwicklung in die Bereiche *Datenbank-, ETL- und Frontend-Entwicklung* eingeteilt. Außerdem wurde ein automatisiertes Deployment auf die Testumgebung sowie automatisierte Backend-Tests durchgeführt.

Das Projekt konnte erfolgreich abgeschlossen werden und wurde von den Entwicklern und Mitarbeitern des Unternehmens als sehr positiv empfunden. Es stellte sich heraus, dass ein agiles Vorgehen auch bei DWH-Projekten empfehlenswert ist, da Flexibilität ein Vorteil im Wettbewerbsvergleich ist und schnelle Reaktionszeiten auch in der Entwicklung von DWH-Architekturen vorteilhaft sind.

Ein weiteres Beispiel von agilen BI-Vorgehen wird in Pilz M. (2016) beschrieben. Dort wurde ein Data Warehouse aufgebaut, in dem klassische und agile Ansätze miteinander kombiniert wurden. Die Besonderheit an diesem Projekt war ein intensives Coaching in den Bereichen betriebswirtschaftlicher, IT-technischer und psychologischer Aspekte. Dadurch wird wiederum begründet, dass zunächst Wissen und Akzeptanz bei den Projektbeteiligten hergestellt werden sollte, damit agile Ansätze erfolgreich sind. Das von Pilz beschriebene Beispiel lasse sich auf „Organisationen aller Größenordnungen und Branchen" (Pilz, M., 2016, S. 195) übertragen.

4.5. Zukünftige Potenziale von Agilität in BI-Projekten

Agilität im Business Intelligence-Umfeld wird in der Literatur durchaus ein hohes Potenzial beigemessen. Wie erwähnt müssen sich Unternehmen zwar ganzheitlich anpassen, um agil arbeiten zu können, im Umfeld von BI können jedoch verschiedene Vorteile erzielt werden.

Vor allem das Design und die Entwicklung von Data Warehouse-Komponenten kann von agilen Vorgehensweisen profitieren. Traditionelle Vorgehensweisen haben sich auch hier als teuer und riskant herausgestellt. Mithilfe eines agilen Ansatzes könnte den Anwendern eine Umgebung bereitgestellt werden, innerhalb derer sie Quelldaten frei kombinieren können und so selbst versuchen können, die besten Analyseergebnisse zu erzielen. Dennoch ist zu berücksichtigen, dass sich ein Data Warehouse bzw. BI-Projekt von anderen, leichtgewichtigeren Systemen dahingehend unterscheidet. So muss ein Data Warehouse nach der Implementierung stabil sein.[27]

Weitere Einsatzpotenziale von Agilität sind durch den *Data Vault-Ansatz* vorhanden. Dabei werden Geschäftsobjekte, Beziehungen und der beschreibende Kontext strikt getrennt. Dadurch bleibt das Modell robust gegen Veränderungen und stabil. Durch eine konsequente Umsetzung von *agilem Data Warehousing* mit Data Vault wird weiterhin die Integration neuer Kennzahlen oder die Anbindung neuer Quellen in kurzen Intervallen möglich. Außerdem können viele Bausteine im Data Warehouse automatisiert werden was in einer schnelleren Umsetzungsgeschwindigkeit resultiert. Weitere Vorteile des Data Vault-Modells sind eine schnelle Implementierung, eine ganzheitliche Integration sowie eine flexible und schnell anpassbare Datenarchitektur.[28]

Für eine erfolgreiche Integration von Agilität im BI-Umfeld sind wie beschrieben die Verankerung in den Köpfen aller Beteiligten. Eine Möglichkeit könne hier die Umformulierung der agilen Werte der Softwareentwicklung und eine Adaption in den BI-Kontext sein. Gemäß Trahasch et. al. könnten die vier Werte der *Agilen Business Intelligence* wie folgt lauten:

1) Unternehmensnutzen ist wichtiger als das Festhalten an Methoden und Architekturkonzepten

---

[27] Vgl. Fleckenstein, M. / Fellows L. (2018, S. 127f.)

[28] Vgl. Lerner, D. (2016)

2) Kontinuierliche Zusammenarbeit zwischen Anforderern und Umsetzern sind wichtiger als Prozesse und Werkzeuge

3) Eingehen auf Veränderungen ist wichtiger als Festhalten an einem Plan

4) Funktionierende BI-Lösungen sind wichtiger als detaillierte Spezifikation (Trahasch, S. et. al, 2015, S. 6)

5. ABSCHLUSS UND FAZIT

Agile Ansätze gewinnen in jüngster Vergangenheit immer mehr an Bedeutung. Vor allem in der Softwareentwicklung und auch im Projektmanagement sind diese stark auf dem Vormarsch. Aufgrund der Besonderheit von Projekten im Business Intelligence-Umfeld können agile Ansätze in ihrer Reinform nicht eins-zu-eins adaptiert werden. Dennoch konnten bereits einige Projekte mit agilen Vorgehensweisen zum Erfolg geführt werden. Teilweise lässt sich beobachten, dass agile Ansätze auch im BI-Umfeld erfolgsversprechender sind als klassische Modelle wie das Wasserfallmodell. Vor allem im Bereich der Planung und Implementierung von Data Warehouse-Architekturen sind agile Methoden vorteilhaft.

Aus der Entwicklung lässt sich schließen, dass sich auch in Zukunft vermehrt Experten mit der Integration agiler Vorgehensweisen in BI-Projekte befassen werden und immer mehr Unternehmen dazu übergehen werden, ihr Reporting agil zu gestalten. Zu berücksichtigen ist dabei jedoch, dass aufgrund der hohen Reichweite von BI-Lösungen im Unternehmen ein Commitment auf sehr hoher Ebene (z. B. Geschäftsleitung) für die verwendeten Methoden vorhanden sein muss. Außerdem müssen alle Projektbeteiligte und Anwender die verwendeten Modelle und Vorgehensweisen akzeptieren und in ihrer täglichen Arbeit leben.

Des Weiteren sollte berücksichtigt werden, dass Agilität im BI-Umfeld noch nicht im Detail erforscht wurde. Teilweise kann es auch von Vorteil sein, nicht immer *nur* die reine Lehre anzuwenden, sondern agile Methoden mit klassischem Vorgehen zu kombinieren. Eine Entscheidung für die anzuwendende Methodik sollte daher idealerweise im Einzelfall erfolgen.

LITERATURVERZEICHNIS

Baltes, G. / Freyth, A. (2017): Die radikal neuen Anforderungen unserer Zeit und die Konsequenz für Veränderungsarbeit. In: Baltes, G. / Freyth, A. (Hrsg.), Veränderungsintelligenz. Agiler, innovativer, unternehmerischer den Wandel unserer Zeit meistern, 1. Auflage, Springer Gabler Verlag, Wiesbaden, S. 1 - 80 (ISBN 978-3-658-04888-4)

Balzert, H. (2009): Lehrbuch der Softwaretechnik. Basiskonzepte und Requirements Engineering, 3. Auflage, Spektrum Verlag, Heidelberg (ISBN: 978-3-8274-1705-3)

Bauer, A. / Günzel, H. (2013): Data Warehouse Systeme. Architektur, Entwicklung, Anwendung 4. Auflage, dpunkt Verlag, Heidelberg (ISBN: 978-3-89864-785-4)

Beck, K. et. al. (2001): Manifesto for Agile Software Development, Deutsche Übersetzung (URL: http://agilemanifesto.org/iso/de/manifesto.html [letzter Zugriff: 04.01.2020])

Beck, K. et. al. (2001-1): Prinzipien hinter dem agilen Manifest (URL: http://agilemani-festo.org/iso/de/principles.html [Letzter Zugriff: 05.01.2020])

Bleiholder, J. et. al. (2016): Anforderungsmanagement durch User Stories. In: Trahasch, S. / Zimmer, M. (Hrsg.), Agile Business Intelligence, 1. Auflage, dpunkt Verlag, Heidelberg, S. 45 - 60 (ISBN: 978-3-86490-312-0)

Dumslaff, U. / Heimann, T. (2019): Intelligente Technologien. Studie IT-Trends 2019, Capgemini

Ellner, J. (2016): Agile BI be congstar. In: Trahasch, S. / Zimmer, M. (Hrsg.), Agile Business Intelligence, 1. Auflage, dpunkt Verlag, Heidelberg, S. 83 - (ISBN: 978-3-86490-312-0)

Fleckenstein, M. / Fellows, L. (2018): Modern Data Strategy, 1. Auflage, Springer Verlag, Cham (CH) (ISBN: 978-3-319-68992-0)

Gansor, T. / Totok, A. (2015): Von der Strategie zum Business Intelligence Competency Center (BICC). Konzeption – Betrieb – Praxis, 2. Auflage, dpunkt Verlag, Heidelberg (ISBN: 978-3-86490-043-3)

Hofert, S. (2018): Das agile Mindset. Mitarbeiter entwickeln, Zukunft der Arbeit gestalten, 1. Auflage, Springer Gabler Verlag, Wiesbaden (ISBN: 978-3-658-19446-8)

Hughes, R. (2013): Agile Data Warehousing Project Management. Business Intelligence Systems Using Scrum, 1. Auflage, Morgan Kaufmann Verlag, Waltham, (ISBN: 978-0-12-396463-2)

Kemper, H. et. al. (2010): Business Intelligence – Grundlagen und praktische Anwendung. Eine Einführung in die IT-basierte Managementunterstützung, 3. Auflage, Vieweg + Teubner Verlag, Wiesbaden (ISBN: 978-3-8348-0719-9)

Laudon, K. et. al. (2016): Wirtschaftsinformatik. Eine Einführung, 3. Auflage, Pearson Verlag, Hallbergmoos (ISBN: 978-3-86894-269-9)

Lerner, D. (2016): Data Vault für agile Data-Warehouse-Architekturen. In: Trahasch, S. / Zimmer, M. (Hrsg.), Agile Business Intelligence, 1. Auflage, dpunkt Verlag, Heidelberg, S. 83 - (ISBN: 978-3-86490-312-0)

Marconomy.de (2019): Business-Agilität entscheidend für künftigen Unternehmenserfolg (URL: https://www.wiso-net.de/login?targe-tUrl=%2Fdocument%2FMARC__6678f3dcfe899b67e891b89cd97230a72b5c9e2e [Letzter Zugriff: 02.01.2020])

Meyer, B. (2014): Agile! The Good, the Hype and the Ugly. 1. Auflage, Springer International Verlag, o. O. (CH) (ISBN: 978-3-319-05154-3)

Peter, M. (2016): Einsatz von Scrum in der Business Intelligence. In: Trahasch, S. / Zimmer, M. (Hrsg.), Agile Business Intelligence, 1. Auflage, dpunkt Verlag, Heidelberg, S. 21 - 44 (ISBN: 978-3-86490-312-0)

Pilz, M. (2016): Einführung von agilen Methoden im Coaching. In: Trahasch, S. / Zimmer, M. (Hrsg.), Agile Business Intelligence, 1. Auflage, dpunkt Verlag, Heidelberg, S. 21 - 44 (ISBN: 978-3-86490-312-0)

Scheller, T. (2017): Auf dem Weg zur agilen Organisation. Wie Sie Ihr Unternehmen dynamischer, flexibler und leistungsfähiger gestalten, 1. Auflage, Vahlen Verlag, München (ISBN: 879-3-8006-5272-3)

Schwaber, K. / Sutherland, J. (2017): Der Scrum-Guide, Deutsche Version (Übersetzt von *German Scrum Translators*), o. V. (URL: https://scrumguides.org/docs/scrumguide/v2017/2017-Scrum-Guide-German.pdf [Letzter Zugriff: 02.01.2020])

Trahasch, S. et. al. (2016): Agile Business Intelligence. In: Trahasch, S. / Zimmer, M. (Hrsg.), Agile Business Intelligence, 1. Auflage, dpunkt Verlag, Heidelberg, S. 1 - 20 (ISBN: 978-3-86490-312-0)